AF401057

HARAS
DE
SALDI-CHOURY

(Fondé en 1894)

à SAINT-PALAIS

(Basses-Pyrénées)

APPARTENANT à M. F. DE St-JAYME

POSTE — TÉLÉGRAPHE
CHEMIN DE FER

60 BOXES — 20 PADDOCKS

1898

PAU
IMPRIMERIE-STÉRÉOTYPIE GARET, II, RUE DES CORDELIERS
J. Empérauger, imprimeur.

1898

HARAS DE SALDI-CHOURY

(FONDÉ EN 1894)

à SAINT-PALAIS (Basses-Pyrénées)

Appartenant à **M. F. de St-JAYME.**

———— ⬦ ————

1° Étalons de pur sang Anglais.

————

1. — **SILVER,** par *Sterling* (père d'Isonomy, Gold,
   Paradox, Energy, etc.), et *Lucetta* (gagnante
   du Cambridgeshire), b.-br., né en 1883, vain-
   queur des Doncaster-Stakes, importé d'Angle-
   terre, père de Maundy-Money, Gay-Boy, Silver-
   Image, Prognostic, Silver-Brook, Corkscrew,
   Silvern, Olibanum, Kabyle, Orage, Conger,
   Silver-Mask, Witteskin, Soltykoff, Rheingold,
   Alibaba, le Socoa, Athol-Rose, Eau-Salée,
   Vasquito, tous gagnants en France ou en Angle-
   terre.

2. — **BOUDOIR,** par *King-Lud* et *Optimia* (Plutus), alezan, 1^m 64 de taille, né en 1890. Gagnant de près de 100.000 fr. de courses, dont 90.000 fr. en plat; a toujours couru avec les meilleurs chevaux de son époque.

A sailli, en 1896, pour la 1re fois. — Approuvé et primé par l'Administration des Haras.

3. — **CHATILLON,** alezan, né en 1889, taille 1^m 68 par *Master-Kildare* (père de Melton) et *Court* (Hampton). Gagnant de 143.000 fr. d'argent public, dont 50.000 fr. environ en plat.

Fera, en 1898, sa 2e année de monte. — Approuvé et primé par l'Administration des Haras.

4. — **RANVILLE,** alezan, né en 1888, par *Border-Minstrel* (père de Floréal, Brocart, le Rappel, etc.), et *Fire-Queen* (Thunderbolt, père de Krakatoa). Gagnant de 95.000 fr. d'argent public dont, à cinq ans, la Grande Course de Haies d'Auteuil de 50.000 fr. sur cinq mille mètres (onze concurrents dont St-Pair-du-Mont).

Autorisé par l'Administration des Haras.

* * *

CONDITIONS DE MONTE (1898) DE CES ÉTALONS

1º **Silver,** réservé aux juments de son propriétaire.

2º et 3º **Boudoir** et **Châtillon** sailliront à **100** fr. (prix maximum admis pour étalons approuvés *avec prime*) les juments de pur sang anglais.

Ils ne sailliront pas de juments d'autres races.

4° **Ranville** saillira à **50** fr. les juments de pur sang anglais ; à **20** fr. les arabes ; à **15** fr. les anglo-arabes ; à **10** fr. les autres, et gratuitement les juments de demi-sang primées comme pouliches ou poulinières.

**

Écurie pᵣ tous chevaux. — Juments de pur sang anglais. **20 fr.**
Autres (mêmes juments saillies gratuitement).............. **10 fr.**
Séjour. — Juments de pur sang anglais : 3 fr. p. jour ; autres.. **2 fr.**

Article 1ᵉʳ. — Toute inscription régulièrement prise est due sauf le cas de mort de la jument avant son arrivée au Haras.

Art. 2. — La substitution d'une jument non inscrite à une autre jument inscrite ne peut avoir lieu qu'avec l'agrément *préalable* du propriétaire du Haras ; la jument remplaçante devra appartenir au même propriétaire et être de même race que la poulinière remplacée.

Art. 3. — Les inscriptions *éventuelles* ne sont acceptées qu'à titre également *éventuel ;* le propriétaire du Haras peut les refuser jusqu'à la veille du départ de la jument pour le Haras.

Art. 4. — Il n'est fait aucune réduction sur les prix ci-dessus *pour quelque cause que ce puisse être,* ni par suite, dans le cas où un même propriétaire enverrait au Haras plusieurs juments.

Art. 5. — Toutefois les juments qui, à la suite d'une période de monte seront vides, auront avorté ou perdu leur produit au lait (avant les six mois) seront saillies à moitié prix l'année suivante, mais aucune substitution d'une jument à une autre ne pourra avoir lieu cette seconde année sauf en cas de renonciation à cette réduction.

Art. 6. — Dans le cas où cette réduction a lieu et lorsque les juments ne font pas de séjour au Haras le prix d'écurie est totalement dû ; ce prix doit être payé au propriétaire, lequel en fera remise intégrale aux palefreniers.

Art. 7. — Les sommes dues au Haras pour monte, écurie, séjour, chemin de fer, maladie, etc., etc., doivent être payées en totalité le 1ᵉʳ juillet au plus tard.

Jusqu'à cette date les notes ne sont envoyées qu'aux éleveurs qui en font la demande.

Art. 8. — Les cartes de saillie ne sont adressées aux éleveurs qu'après règlement intégral des sommes par eux dues et dans les 8 jours de ce paiement.

Art. 9. — Le propriétaire du Haras entend n'être responsable d'aucun accident survenu aux juments en pension, sauf dans le cas de faute lourde de sa part ou de son personnel.

Art. 10. — MM. les Éleveurs faisant saillir une ou plusieurs juments au Haras s'engagent, par ce seul fait, à observer la réglementation ci-dessus dans toute sa teneur.

AVIS. — Un Bulletin tri-mensuel tient MM. les Éleveurs au courant de la santé, des saillies, etc., de leurs animaux.

MM. les Éleveurs sont priés d'envoyer, avec leurs demandes d'inscription, tous les renseignements utiles concernant les animaux destinés à faire un séjour au Haras.

Les produits à naître de *Boudoir* et *Châtillon* sont vendus ou loués d'avance, pour une période de quatre ans, à l'une des plus importantes écuries de courses.

Pour la première année d'exhibition de ses produits sur le turf (1897), ce Haras a donné, entre autres vainqueurs :

Vrai-Basque gagnant de près de **38.000 fr.** (à 3 ans).

Mulhurra (2 ans) gagnante de près de **10.000 fr.**

2° Principales Poulinières de pur sang anglais.

———

1. — **CÉLIMÈNE,** baie, par *Bay-Archer* et *Chemise*
(Le Mandarin), née en 1889. Gagnante de courses. Achetée à M. Cl. Houze.

Les trois premiers produits à naître de cette
jument sont vendus d'avance.

Cheptelier : M. Marimpouy, de Bidache.

Saillie en 1897 par *Silver*. — A terme le 29 février.

2. — **CHATTE**, alezane, née en 1894, par *Rueil*,
vainqueur du Grand Prix de Paris, etc., et
Charmante (King-Lud).

Cheptelier : M. Guiresse (qui a fait naître Vrai-
Basque et Vasquito), à Parenties.

Saillie en 1897 (pour la première fois) par *Boudoir*. — A terme le 29 février.

Provient de la vente annuelle des Yearlings de
M. Edmond Blanc.

3. — CUFIC, b.-br., née en 1891, fille de *Peter* (Hermit) et de *Chamounix* (mère de Mont d'Or, Montanvert, etc.), par Parmesan et Middleton-Maid (Hospodar).

Importée pleine en 1894 d'Angleterre.

Cheptelier : M. LARRÈGLE, de Léren.

Pouliche par *Silver*, née le 27 mars 1897 (2ᵉ produit).

Saillie en 1897 par *Boudoir*. — A terme le 21 mars.

4. — DIAPRÉE, alezanc, née en 1882, par *Rayon-d'Or* (Flageolet) et *Doucereuse* (Mortemer).

Achetée à M. C. Blanc.

Diaprée a gagné plus de 20.000 fr. en plat ; 2ᵉ du prix de Diane en 1885. Mère de Mijaurée.

Cheptelier : M. HÉDEMBAIGT, de Came.

Pouliche par *Boudoir*, née le 26 avril 1897.

Saillie en 1897 par *Boudoir*. — A terme le 21 mai.

5. — DINNA FORGET, baie, née en 1887, fille de *Macheat* (Macaroni, vainqueur du Derby d'Epsom), et *Twine-the-Plaiden* (Blair-Athol, gagnant du Derby). Importée en 1893. Propre sœur de Lady-Caroline.

Cheptelier : M. DUPONT, d'Abitain.

Saillie en 1897 par *Châtillon*. — A terme le 3 mars.

Pouliche par *Silver*, née le 25 mars 1897 (2ᵉ produit).

6. — **DIVISION**, baie, né en 1886, par *Coq-du-Village* (Y Trumpator) et *Duchesse-Anne* (Mortemer).

Gagnante de 12.000 fr. d'argent public. Mère de Domezain *(Silver)*.

Cheptelier : M. SALAHART-BALLÈS, à Léren.

Poulain par *Silver,* né le 23 mai.

Saillie en 1897 par *Boudoir.* — A terme le 1ᵉʳ mai.

7. — **GRENADE II,** b.-br., née en 1891, par *Tristan* (Hermit) et la *Grenouillère* (Dollar).

Cheptelier : M. CHANY, de Came.

Pouliche par *Silver,* née le 8 février 1897 (1ᵉʳ produit).

Saillie en 1897 par *Châtillon.* — A terme le 18 janvier.

8. — **HOMESPUN,** baie, par *Winslow* et *Mérino* (Melbourne), née en 1878. Achetée en 1894 aux ventes du Haras Royal d'Angleterre.

Poulain par *Boudoir,* né le 18 mai 1897.

Saillie en 1897 par *Ranville.* — A terme le 15 mai.

9. — **MARGUERITE,** baie, née en 1890, par *Vignemale* (Dollar) et *Progné* (Trombone).

Cheptelier : M. CHILINDRON, à Béhasque.

Pouliche par *Boudoir,* née le 1ᵉʳ février 1897.

Saillie en 1897 par *Châtillon.* — A terme le 9 janvier.

10. — **MICOULINA**, baie-zain, née en 1890 en Angleterre, par *Melton* (vainqueur du Derby d'Epsom, etc.), et *Maximilia* (Maximilian). Mère de Mardoa, née en 1894.

Cheptelier : M. Miremont-Bilhain, de Sillègue.

Poulain par *Silver*, né le 3 avril 1897.

Saillie en 1897 par *Châtillon.* — A terme le 27 mars.

11. — **MITRAILLE**, alezane, née en 1890, par *Thunderbolt* (père de Krakatoa) et *So-Leicht* (Bucaneer), mère de Mitron, Montaury.

Cheptelier : M. Lacomme, de Gurs.

Saillie en 1897 par *Boudoir.* — A terme le 21 février.

12. — **MOCKERY**, baie, née en 1889. Importée d'Angleterre en 1894. Par *Robert-the-Devil* (vainqueur du Grand Prix de Paris, 2ᵉ du Derby d'Epsom), et *Surprise* (mère de Wonder II, Robbery, etc.), par Hermit.

A gagné, à 2 ans, 25.000 fr. de prix en Angleterre.

Son premier produit (Muthurra) vient de gagner, à 2 ans (1897), près de 10.000 fr. Mère de Mando (Stuart), né en 1896, co-propriété avec M. Camille Blanc.

Poulain par *Silver*, né le 26 mars 1897.

Saillie en 1897 par *Châtillon.* — A terme le 8 mars.

Cheptelier : M. Marimpouy, de Bidache.

13. — **PANOPLIE**, b.-br., par *St-Cyr* et *Patrie* (Cobnut). **Panoplie**, mère de Pindore et de Petite-Dacquoise.

Poulain par *Boudoir*, né le 28 mars 1897.

Saillie en 1897 par *Châtillon.* — A terme le 6 mars.

Cheptelier : M. Haran-Cazaux, à Berraute.

14. — **RAND-FONTEIN**, pouliche baie, née en 1895,
par *Puchero* (Perplexe) et *Titania* (Pero-
Gomez).

Saillie en 1898 pour la 1re fois.

Provient de la vente de Madame la Comtesse LE
MAROIS, à Deauville, en 1896.

En cheptel chez M. POEY, à St-Dos.

15. — **SILHARRA**, baie, née en 1894, par *Grand-
Master* et *Spécialité* (The Rake), gagnante de
courses.

Saillie en 1897 (1re fois) par *Châtillon*. — A terme
le 16 mars.

En cheptel chez MM. LARRALDE frères, à Os-
tabat.

16. — **SORBE**, alezane, née en 1877, par *Plutus* et
Styria (Stockwell). **Sorbe a gagné plus de**
20.000 fr. en plat. Achetée 10.000 fr., en 1895, à
M. C. BLANC.

Mère de Sirocco et de la Souveraine qui a produit Fils-de-Roi.

Saillie en 1897 par *Châtillon*. — A terme le
16 février.

Cheptelier : M. RACHOU, de Sunharte.

17. — **SPÉCIALITÉ**, baie, née en 1879, par *The Rake*
(père de Pepper and Salt) et *Silver-Sand*. A
gagné 12.000 fr. d'argent public. Mère de Idée-
Fixe.

Pouliche par *Silver*, née le 16 mars 1897.

A terme *(Boudoir)* le 7 avril.

(*)

18. — **SYRIENNE,** alezane, née en 1887, par *Little-Duck* (vainqueur du Grand Prix, etc.), et *Sathaniel* (Zouave). Mère de Cabourg.

Pouliche par *Silver*, née le 27 avril 1897.

A terme *(Boudoir)* le 26 avril.

Cheptelier : M. GARAY-ALGUEÏRU, à Béguios.

19. — **TALMOUSE,** baie, née en 1878, par *Consul* et *Teacher* (Blinkhoolie).

Pouliche, née le 1ᵉʳ mai 1897, par Zut.

A terme *(Boudoir)* le 11 avril.

Cheptelier : M. LALANNE-COMTE, à Carresse.

20. — **TATA,** b., née en 1884, par *Braconnier* (Mandrake) et *Terra-Nova* (Atlantic).

Gagnante de courses.

A terme *(Lauzun,* fils de Bay-Archer), le 15 mars.

Cheptelier : M. SABALETTE, à Garris.

21. — **VIOLENTE,** b. b., née en 1883, par *Foudre-de-Guerre* et *Pascale* (Fitz-Gladiator).

Poulain par *Silver*, né le 16 février 1897.

Violente est la mère de Vrai-Basque (son premier produit de pur sang anglais) gagnant, à 3 ans (1897), de 38.000 fr., et vendu 50.000 fr., et de Vasquito (Silver), né en 1895.

A terme *(Boudoir)* le 26 janvier.

3° Autres Poulinières.

————

1. — **SAÏDA**, arabe, née en 1889, par *Gengis-Khan*
(Adham) et *Saba* (étalon Manaski, sa mère de
race Gelfé, et saillie par lui. — Suitée de *Boudoir* en 1897 (pouliche) et resaillie par lui.

A terme le 27 février.

Cheptelier : M. COURRÈGES, de Carresse. — Pri-
mée tous les ans au Concours départemental.

2. — **SAÏDA**, irlandaise, par *Rataplan* (anglais) et
Countess. Suitée en 1897 de *Boudoir* (pouliche)

A terme *(Boudoir)* le 18 avril.

Saïda est née en Irlande en 1888.

4° Animaux à l'entraînement en participation.

Chez M. Ch. Pratt, à la Morlaye :

1. — **Mardoa**, alezane, née en 1894, par *Retreat* et *Micoulina*.
2. — **Malsurra**, bai, né en 1895, par *Silver* et *Miss-Kroukrou*.
3. — **Irissarry**, b.-br., né en 1895, par *Silver* et *Bonne-Anse*.

Chez M. A. Jacquemin (Écurie Menier) à Pau :

4. — **Saint-Palais**, baie, née en 1895, par *Vignemale* et *Syrène*.
5. — **Chiny**, baie, née en 1895, par *Evergreen* et *Chines*.
6. — **Osquiche**, née en 1896, baie, par *Silver* et *Violente*.
7. — **Marracaz**, né en 1896, bai, par *Silver* et *Marguerite*.
8. — **Dithary**, né en 1896, bai, par *Silver* et *Dinna Forget*.
9. — **Salhuniz**, né en 1896, bai-châtain, par *Chêne Royal* et *Spécialité*.
10. — **Soudre II**, né en 1896, b.-br., par *Silver* et *Turlurette*.
11. — **Saldi-Eder**, né en 1896, alezan, par *Stuart* et *Sorbe*.
12. — **Marlusa**, née en 1896, alezane, par *Silver* et *Micoulina*.

Chez MM. C. Blanc et Dodge :

13. — **Mando**, né en 1896, b.-br., par *Stuart* et *Mockery* (Écurie de M. C. Blanc).
14. — **Perttoline**, par *Sésame* (Reluisant) et *Pervert*. (Chez M. Dodge, à Neaufles.)

5° Yearlings appartenant au Haras et nés en 1897.

A) — POULAINS :

1. — **N**, né le 11 juin, par *Border-Minstrel* et *Waweless* (See-Save).
2. — **N**, né le 24 mai, par *Boudoir* et *Pellegrue* (Patriarche).
3. — **N**, né le 23 mai, par *Silver* et *Division* (Coq-du-Village).
4. — **N**, né le 18 mai, par *Boudoir* et *Homespun* (Winslow).
5. — **N**, né le 15 mai, par *Silver* et *Bonne-Anse* (Gilbert).
6. — **N**, né le 1ᵉʳ mai, par *Silver* et *Jetta* (Plutus).
7. — **N**, né le 3 avril, par *Silver* et *Micoulina* (Melton).
8. — **N**, né le 28 mars, par *Boudoir* et *Panoplie* (St-Cyr).
9. — **N**, né le 26 mars, par *Silver* et *Mockery* (Robert-the-Devil).
10. — **N**, né le 21 mars, par *Bocage* et *la Sarthe* (Esterling).
11. — **N**, né le 16 février, par *Silver* et *Violente* (Foudre-de-Guerre).
12. — **N**, né le 8 février, par *Silver* et *Astarte* (Syrian).

* * *

B) — POULICHES :

1. — **N**, née le 13 mai, par *The Condor* et *Vigilante* (Border-Minstrel).
2. — **N**, née le 1ᵉʳ mai, par *Zut* et *Talmouse* (Consul).

3. — N, née le 27 avril, par *Silver* et *Syrienne* (Little-Duck).

4. — N, née le 26 avril, par *Boudoir* et *Diaprée* (Rayon d'Or).

5. — N, née le 25 avril, par *Silver* et *Turlurette* (Energy).

6. — N, née le 14 avril, par *Silver* et *Elma* (Struan).

7. — N, née le 27 mars, par *Silver* et *Cufic* (Peter).

8. — N, née le 25 mars, par *Silver* et *Dinna Forget* (Macheat).

9. — N, née le 16 mars, par *Silver* et *Spécialité* (The Rake).

10. — N, née le 12 mars, par *Boudoir* et *Bredouille* (Granmaster).

11. — N, née le 12 mars, par *Silver* et *Ste-Cécile* (St-Louis).

12. — N, née le 8 février, par *Silver* et *Grenade II* (Tristan).

13. — N, née le 1ᵉʳ février, par *Boudoir* et *Marguerite* (Vignemale).

14. — N, née le 21 janvier, par *Silver* et *Marguerite* (Zut).

La pouliche nº 6 est née au Château de Méharin, chez Mᵐᵉ Chenu ; la pouliche nº 14 au château de Biscay, chez M. Charles Diriart ; la pouliche nº 11 au Haras d'Espoey, chez M. Hôo-Paris.

6° Juments de pur sang anglais de la Région appartenant à divers.

---

1. — **IÇARRA**, née en 1895, par *Silver* et *Trot* (Trumpeter).
   Saillie pour la première fois en 1898 par *Châtillon*.
   Appartient à M. J. P. Mercatbide, de St-Palais.
   Trot est la mère de Mio, gagnant de 80.000 fr. de prix.

2. — **MARGUERITE**, baie, née en 1890, par *Zut* (Flageolet) et *Marionnette* (Le Petit Caporal).
   Mère d'Alibaba ex-Moskorra, gagnant de courses et son premier produit (Silver).
   Pouliche par *Silver*, née le 21 janvier 1897.
   A terme (Châtillon), le 9 janvier.
   Appartient à M. Charles Diriart, au Château de Biscay.

3. — **ELMA**, b.-br., née en 1887, par *Struan* (Blair-Athol) et *Estella* (Adventurer).
   Pouliche par *Silver*, née le 14 avril 1897.
   Importée en 1894 d'Angleterre.
   A terme *(Boudoir)*, le 23 mars.
   Appartient à Madame Chenu, au Château de Méharin.

7° Animaux de pur sang vendus par le Haras depuis 1894.

———

Acquéreurs : MM.	Dates des ventes :
TOULET	1 SILVÉRINE, anglo arabe, par *Silver* et *Saïda* (arabe), à Pau.
Jules DARIO	2 VRAI-BASQUE. anglo arabe, par *Méké* et *Violente*, à Toulouse, 1895.
DESCHAMPS	3 URRUGNE, p.-s angl., par *Silver* et *Uxor*, à Deauville, 1895.
BALENSI	4 VRAI-BASQUE, p.-s. anglais, par *Grandmaster* et *Violente*, à Deauville, 1895.
Comte POTOCKI	5 BILIGARRO, p.-s. anglais, par *Silver* et *Bonne-Anse*, à Paris, 1895.
ROGERS	6 BILO-GORRY, p.-s. anglais, par *Juggler* et *The-Merry-One*, à Paris, 1895.
Robert HENNESSY	7 ALIBABA EX-MOSKORRA, p.-s. anglais, par *Silver* et *Marguerite* (Zut), à Paris, 1895.
Baron d'ESPALUNGUE ..	8 CHILHAR, p.-s. angl., par *Silver* et *Claire*, à Tarbes, 1895.
DE MARCILLAC	9 TIPOULA, p.-s. angl., par *Silver* et *Trot*, à Tarbes, 1895.
PONNAU	10 DENTELLE, p.-s. anglais, par *Vertugadin* et *Mousie*, née en 1876, vendue en 1896 à Tarbes.

Acquéreurs : MM.	Dates des ventes :
Courtade	11 CAID, p.-s. anglais, par *Saxifrage* et *Eva*, né en 1888, vendu en 1896 à Toulouse.
Marquis de Tracy....	12 VASQUITO, p.-s. angl., par *Silver* et *Violente*, né en 1895, vendu en 1896 à Deauville.
Vicomte Foy.........	13 SOUDRE, p.-s. anglais, par *Silver* et *Spécialité*, né en 1895, vendu en 1896 à Deauville.
Camille Blanc........	14 HARRI-GARRIA, p.-s. angl., par *Sainfoin* et *Homespun*, née en 1895, vendue en 1896 à Deauville.
Prince P. d'Aremberg	15 URHIA, p.-s. anglais, par *Silver* et *Uxor*, née en 1895, vendue en 1896 à Deauville.
Prince P. d'Aremberg	16 MUTHURRA, p.-s. anglais, par *Common* et *Mockery*, née en 1895, vendue en 1896 à Deauville.
Willy-Carter	17 DOMEZAIN, p.-s. angl., par *Silver* et *Division*, né en 1895, vendu en 1896 à Deauville.
Durand-Zeender.....	18 BASCOPHILE, p.-s. anglais, par *Silver* et *Mariette*, née en 1895, vendue en 1896 à Deauville.
Roger...............	19 TRINQUETIER, p.-s. anglais, par *Silver* et *Thyra*, né en 1895, vendu en 1896 à Paris.
Noel................	20 TOURMALET, p.-s. anglais, par *Silver* et *Jetta*, né en 1895, vendu en 1896 à Paris.
Ch. Pratt...........	21 MALSURRA, p.-s. anglais, par *Silver* et *Miss-Kroukrou*, né en 1895, vendu en 1896 à Deauville.
M. Yver.............	22 LADY-ROVER, p.-s. anglais, par *Peter* (Hermit) et *Lady-Peregrine*, née en 1887, vendue en 1896 à Paris.
Bernheim............	23 SARO-BERRY, p.-s. anglais, par *Saxifrage* et *Syrienne*, né en 1895, vendu au Tattersall en 1896.

Acquéreurs : MM.	Dates des ventes :
Ecole de Saumur	24 N., baie, née en 1894, par *Guise* et *Miss-Kroukrou.*
École de Saumur	25 TARRAPATACA, née en 1894, par *Silver* et *Thyra* (Frontin).
Lhérisson............	26 TABANO, né en 1896, par *Silver* et *Thyra* (Frontin).
Potier..............	27 ÉTOILE, née en 1896, par *Étoilé* et *Maritorne.*
Andrieux............	28 MOTHOA, née en 1896, par *Silver* et *Mitraille.*
Potier..............	29 SAKHURRA, née en 1896, par *Silver* et *Jetta* (Plutus).
de Chaboulon........	30 BELSOURI, né en 1896, par *Silver* et *Bonne-Anse.*
Boucher.............	31 BILO-BELTZ, par *Sorcerer* et *Cufic*, né en 1895.
Cazalis.............	32 HANDIA, née en 1895, par *Sainfoin* et *Homespun.*
Leclerc.............	33 ACHERIA, né en 1895, par *Petrarch* et *Astarte*, en 1897.
de Pedellier........	34 MADARIA, née en 1896, par *Silver* et *Miss-Kroukrou*, en 1897.
Laborde.............	35 THYRA, née en 1896 *(Frontin* et *Tea-Rose.)*

Total des prix de vente réalisés : **30.300 fr.**

(Beaucoup d'animaux ci-dessus ont été réformés et vendus, par suite, à n'importe quel prix.)

8° Sommes encaissées au Haras de 1895 à 1897.

(Purs sangs Anglais seuls.)

1° Produit ci-dessus des ventes : 30.300 fr.

2° En participation :

En 1896, *Châtillon* (en 3 courses). 5.265ᶠ »
En 1897, *Mardoa*, placée, le 15
    novembre à Vincennes, 375 fr.,
    dont moitié pour le Haras.... 187 50 } 5.452ᶠ 50

3° Sommes revenant aux Éleveurs :

Vrai-Basque, Prix de Capeyran.......... 500 »

TOTAL......... 36.252ᶠ 50

9° *Sommes gagnées en 1897.*

(1re année d'exhibition des produits du Haras sur le Turf.)

1° Nés au Haras :

Vrai-Basque, 3 ans	37.155ᶠ	»
Muthurra, 2 ans	9.750	»
Mardoa, 3 ans, 2ᵉ à Vincennes	375	»
Alibaba, ex-*Moskorra*, 3 ans	3.925	»
Vasquito, 2 ans, court trois fois, deux fois placé (dont à Bordeaux, précédant Carand'Ache, Catamarca et Riposte)	1.141	65
Chiny (élevée au Haras)	200	»
TOTAL	52.546ᶠ	65

2° Provenant d'Étalons du Haras :

A) — EN ANGLETERRE, PAR SILVER :

Olibanum	4.374ᶠ	»
Silver-Mask	5.616	»
Corkscrew	5.400	»

15.390ᶠ »

Les produits de *Silver* gagnent 100.000 fr. environ en Angleterre depuis 1893.

B) — EN FRANCE, PAR SILVER :

Le Socoa, 3 ans	4.508	35
Eau Salée, 2 ans	1.000	»
Athol Rose, 2 ans	725	»
TOTAL	21.623	35

RÉCAPITULATION :

Gain des produits du Haras (1897)	52.546	65
Gain des produits des Étalons du Haras (1897)	21.623	35
TOTAL	74.170	»

AVIS. — Les chiffres ci-dessus sont empruntés à la " *Chronique du Turf* ".

10° *Engagements principaux des Produits du Haras.*

1° Prix du Jockey-Club 1898 :

Vasquito.
Malsurra.
Le Xepechuz (ex-Soudre).
Domezain.
Urhia.

2° Poule d'Essai de Pau 1899 :

Marracaz.
Soudre II.
Dithary.
Salhuniz.

3° Prix de Diane 1899 :

Madaria.
Osquiche.
Marlusa.

4° Prix du Jockey-Club 1899 :

Dithary.
Soudre II.
Belsouri.

5° Grand Prix de Paris 1899 :

Saldi-Eder.

(Engagement fait par M. Menier.)

6° Poule des Produits (Bordeaux) 1901 :

Produit à naître en 1898 de *Châtillon* et *Silharra.*
Produit à naître en 1898 de *Boudoir* et *Mlle Rivière.*
Produit à naître en 1898 de *Châtillon* et *Bilo-Soury.*
Produit à naître en 1898 de *Châtillon* et *Miragarria.*

7° Prix de la Société d'Encouragement à courir à Pau en 1900 (arabes et anglo-arabes).

Suhurra, 5o % d'arabe, par *Boudoir* et *Saïda,* alezane, née en 1897.

11° Liste des Juments étrangères de pur sang anglais saillies en 1897 au Haras.

1° Par BOUDOIR :

1. — **Belle Amie** *(Ladislas* et *Belle-Mimie)* à M. Coustarot, Lourdes.
2. — **Elma** *(Strnan* et *Estella)* à Mme Chenu, château de Méharin.
3. — **Jacqueline** *(Boïador* et *Joinvillaise)* à M. Montégut, à Pau.
4. — **Lady-Kildare** *(Melton* et *Lady-Gladys)* à M. Soulange-Bodin, à Arcangues.
5. — **Roxane** *(Althotas* et *Réata)* à M. Minvielle, à Sauveterre.
6. — **Ste-Cécile** *(St-Louis* et *Razzia)* à M. Hôo-Paris, à Pau.
7. — **Salomé** *(Saltéador* et *L'Africaine)* à M. Minvielle à Sauveterre.
8. — **Satinette** *(Bruce* et *Satania)* à M. Laffourcade, à Tarbes.
9. — **Symphonie** *(Foudre-de-Guerre* et *Sylotte)* à M. le Baron de Navailles (Landes).

2° Par CHATILLON :

1. — **Baïse** *(Bay-Archer* et *Bernadette)* à M. Nounez, à Bayonne.
2. — **Balbina** *(Folembray* et *Lavande)* à M. Bignon, à Biarritz.
3. — **Comète** *(Patricien* et *Altisadora)* à M. Minvielle, à Sauveterre.

4. — **Filiberte** *(Fernandez* et *Miss-Bertrand)* à M. Bedout, à Cazaubon (Gers).

5. — **Irène** *(Mandrake* et *Isabelle)* à M. Peyris, château de Hinx (Landes).

6. — **Irish-Molly** *(Barcaldine* et *Light-Heart)* à M. de Sabbathier, à Eauze (Gers).

7. — **Irradiante** *(Perplexe* et *Worth-Wilshire)* à M. Minvielle, à Sauveterre.

8. — **Journée** *(Don Carlos* et *Carpette)* à M. Soulange-Bodin, à Arcangues.

9. — **Knigtbsbridge** *(Petrarch* et *Piccadilly)* à M. de Sabbathier, à Eauze (Gers).

10. — **Lisette** *(Bay-Archer* et *Lucienne)* à M. Peyris, château de Hinx (Landes).

11. — **Marguerite** *(Zut* et *Marionnette)* à M. Charles Diriart, château de Biscay.

12. — **Modeste** *(Barberousse* et *Mitylène)* à M. Coustarot, à Lourdes.

13. — **Musette** *(Solo* ou le *Japonais* et *Symphonie)* à M. le Baron de Navailles (Landes).

14. — **Verveine** *(Braconnier* et *Vestale)* à M. Minvielle, à Sauveterre.

15. — **Yellow-Fly** *(Gabier* et *Louba)* à M. Minvielle, à Sauveterre.

En 1897, cent quatre juments ont été saillies au Haras, dont 66 de pur sang anglais.

Heures de Visite du Haras : De 2 heures à 4 heures tous les jours.

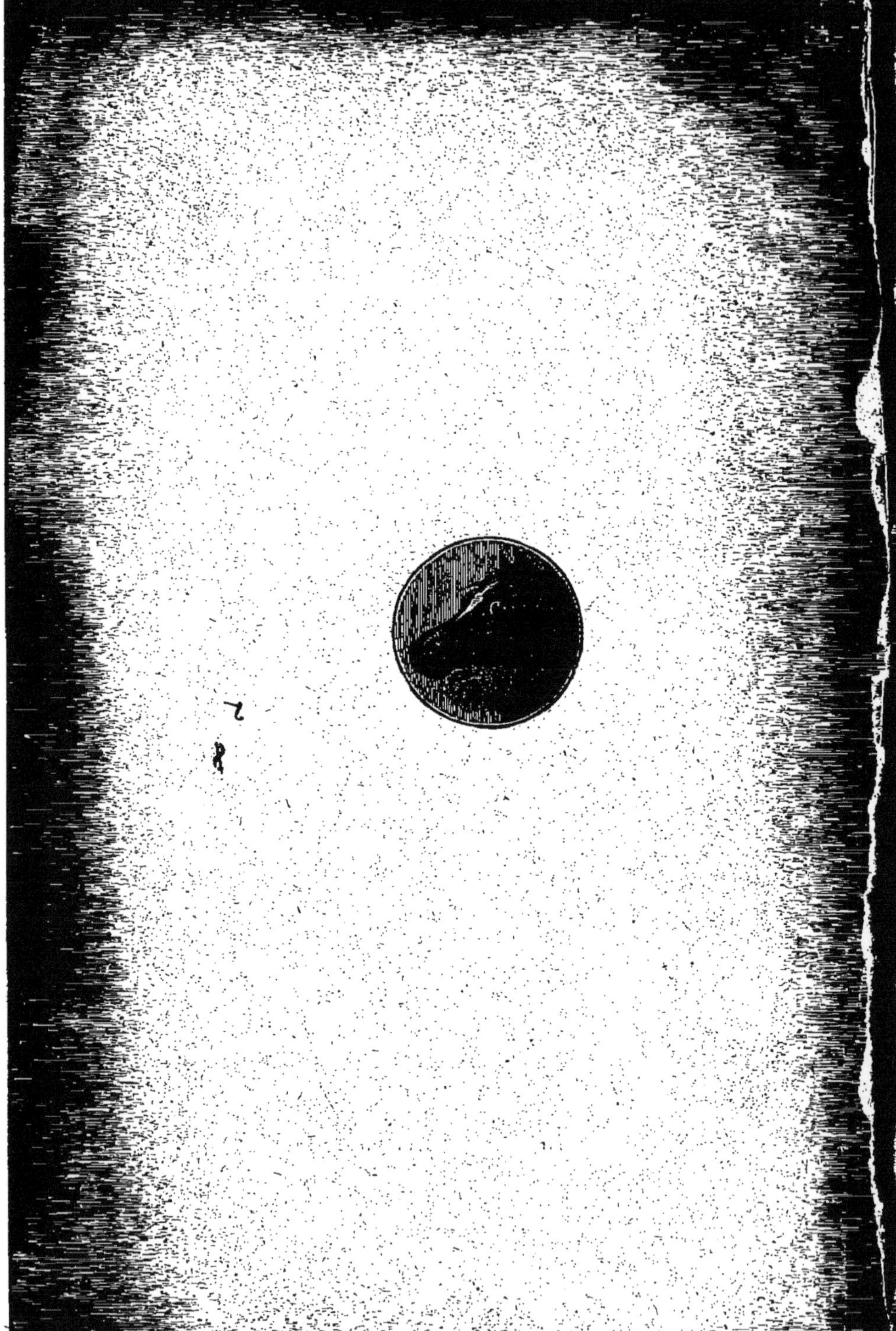

www.ingramcontent.com/pod-product-compliance
Ingram Content Group UK Ltd.
Pitfield, Milton Keynes, MK11 3LW, UK
UKHW020001130726
13694UKWH00005B/2007